QUINIENTOS METROS DE MAR

Alicia G Misis

COLECCIÓN ITES

QUINIENTOS METROS DE MAR

© Alicia Gutiérrez Misis
© de esta edición: Olé Libros, 2025

ISBN: 979-13-87951-24-5
Depósito legal: V-5261-2025
Impreso en España

KALOSINI, S. L.
Grupo editorial olélibros
equipo@olelibros.com
www.olelibros.com

A mis bibliotecas favoritas,
esos navíos que me han salvado de tantas tormentas.

A los familiares y amigos
que me han acompañado en tantas travesías.

Y a la playa de quinientos metros
donde el mar me ha devuelto tantas veces la mirada
en forma de versos.

I.

HISTORIAS

QUINIENTOS METROS

Playa, dunas.
Viento que azota las olas.
Un puerto al fondo y un faro.
Bandera roja.
Está prohibido bañarse.
Pero eso a ti no te frena.
Te enfundas tu traje de neopreno, largo y ceñido.
Te atas la tabla de surf al tobillo.
Ya estás lista.
Te zambulles y nadas sobre la tabla.
Dos largas brazadas hasta llegar al punto crítico.
Esperas la ola.
Vienen varias pequeñas.
Avistas una grande que empieza a formarse.
Pones tu abdomen firme en la tabla para impulsarte.
Cuesta subir los cuádriceps.
Pero lo haces. Te pones de pie y vuelas sobre la ola.
Tus carcajadas se confunden con el rugido del mar.
Ya caes de nuevo al mar paciente.
Mecida por las olas, esperas la siguiente.
Desde tu tabla observas de nuevo la preciosa playa de quinientos metros.
Al fondo, las montañas teñidas de rojo y naranja y rosa.
Tú elegiste estar aquí.
Lo pusiste por escrito.
Lo disfrutarás eternamente.
Es el sitio de tu recreo desde que esparcieron aquí tus cenizas.
Con tan solo veinte años.

COARTADA POÉTICA

Mensaje en mi móvil:
tú me llamas amor
yo cojo un Uber.

Llego a la escalinata de la biblioteca.
Subo hasta la primera planta, sección de poesía.
Una sola estantería en la esquina.
Cinco baldas por delante.
Cinco baldas por detrás.
Me reencuentro con autores en los lomos de los libros:
Luis García Montero, Idea Vilariño... Y entonces tú.
Me llega el perfume de tu pelo negro.
Tus ojos me miran con olor a sábanas limpias.
Y yo sé que en este instante recuerdas
el tacto de los dedos entrelazados
el encuentro a dentelladas en el hotel.

Instintivamente me acerco a tocarte.
Pero tu palma me para: «Aquí no».
Pones un libro en mi mano.
Mira la primera página, me dices.
Y te marchas aprisa, demasiado.

Corro hacia la ventana.
Con dolor te veo reunirte con tu marido.
Me imagino que te estará preguntando:
¿has devuelto el libro?
Sí, en la sección de poesía.
Bajo la vista y leo la nota pegada en la primera página.
Una cita contigo para mañana.
El mismo hotel, las mismas sábanas.
Te escribo un mensaje fugaz al móvil.
Un último intento para que me mires.
Y retenerte un instante.

Yo te llamo amor
y tú, fugazmente, miras a mi ventana
me regalas tus ojos
y coges un Uber.

Habitación compartida

La frontera entre tu cama y la mía
la marca una cortina blanca.
La que corre la enfermera
cuando viene a curarnos
o cuando es la hora de la siesta.
Entonces te oigo roncar en tu sillón.
Te imagino con el cuello doblado sobre el mentón,
dando cabezazos.
Las manos relajadas sobre el reposabrazos.
Tu corazón latiendo rápido y arrítmico,
cansado, pero aún fuerte.

La frontera entre tu cama y la mía
la marca una cortina blanca.
Ayer, cuando la descorrieron, al amanecer,
ya no estaba tu cama.
Te habían llevado a otro lugar del hospital
para ponerte un marcapasos.
Pasadas unas horas
a tu cama vino otra mujer, otra isla.

Estés donde estés
deseo que te cuiden bien en el viaje.

Los hospitales son destinos
que aparecen en los pasaportes vitales
de todas las personas, alguna vez.
Supongo que tú, a tus noventa años
has podido poner varios sellos en ese pasaporte.
¿Cuántos sellos?
Podría habértelo preguntado.
Podría haberte preguntado tantas cosas...

Pero hay situaciones que se comparten mejor en silencio.
Ese silencio agradecido.
Ese silencio pesado de horas de habitación lentas.
De necesario descanso.
Revistas del corazón manoseadas.
Bandejas de comida.
Placas blanquecinas del techo.
Cuatro paredes,
dos ventanas
y una puerta.

La frontera entre la enfermedad y la salud.

Escalada olímpica

Dos paredes de quince metros.
Sam miró hacia arriba.
Su contrincante esperaba concentrado.
Seis mil personas en silencio en el estadio olímpico.
Se cambió las zapatillas por las que le regaló su abuelo.
Volvió a concentrarse.
Sonó el pitido de salida.
Su cerebro se activó para mover sus músculos rápido y más rápido.
Mano derecha arriba, pie izquierdo arriba.
Otra mano arriba, el otro pie.
Oía la voz de su abuelo: «Confío en ti.
Un, dos, tres, coge aire.
Busca tu mejor apoyo en ese pie, alarga la mano y tócala».

Sam se estiró todo lo que pudo y tocó la baldosa final.
Rozó el cielo con los dedos.
Miró el marcador.
Lo había conseguido, estaba en verde.
4,76 segundos para subir quince metros.
Récord mundial de escalada deportiva
con tan solo dieciocho años.

Permaneció agarrado al final de la pared,
mirando el cielo,
hasta que vio la cara de su abuelo.
Ya no pudo bajar. Desde las gradas el público le pedía que descendiera,
pero no pensaba hacerlo.
Ganar el récord mundial era solo una excusa.
Una promesa que había hecho a su abuelo antes de morir
por el placer de poder reencontrarse con él
en una última cumbre.

La observadora

Desde el alféizar de la ventana
observé petrificada el mundo
y deseé no moverme de allí
en un intento de tornarme en mudo.

En los ojos del niño
vi el horror de la guerra.
Vi cadenas de humo
ahogar la madre tierra.

Lloré a mares sin tregua
para llenar los ríos
que agonizan vacíos
ante el hombre de piedra.

Y vi quemarse bosques
por negocios de nadie.
Y vi derramar sangre
fluyendo por las calles.

Vi un fusil de acero
apuntando mi frente,
más yo cerré los ojos
para no ver la muerte.

Oí unos disparos,
un grito agonizante...
una vida de risas
desfiló gris en la tarde.

Preferí ser distante,
o mejor ser cobarde,
escribir a las nubes,
no oír su grito errante.

Vivo en la comodidad
del observador sentado.
Solo escribo lo que siento
aislado en el sufrimiento
de mis páginas en blanco.

Desde mi ventana
vi pasar la vida.
El miedo en la piel
me quebró en la silla.

Mas yo no actué.
Tuve muerte en vida,
viví para mí
y para mi poesía.

Una tarde azul
me miró una niña.
De algodón sus manos
y de miel su risa.

Sus ojos decían:
¡Escribe a la vida!
¡A la realidad!
¡A las injusticias!

Que tu poesía sea
la voz nunca oída
de tantas ventanas
que lloran en sequía.

Cuarenta cumpleaños

Hay nieve en las montañas
frío en el cristal
un periódico de papel
en la retina de una pasajera
y un cumpleaños que comienza
con velas que soplamos ayer
escuchando la risa de un bebé.

Se ha abierto la ventana
de los cuarenta pensamientos
y vuelves a aquel momento
en aquel hospital
cuando pensaste que
no llegarías a cumplirlos...
hace ya casi veinte años.

Desde entonces has vivido cada día
con especial intensidad
sabiendo que tu tiempo
era una vida extraordinaria
minutos que en otra época histórica
nunca hubieras vivido.

Hoy solo puedes agradecer
a la ciencia y el saber desarrollados
a todos los que te cuidaron
familiares, amigos, profesores, profesionales sanitarios
y a los que han venido después.

Hoy hay nieve en la montaña
calor en el alma
vida palpitante
agradecimiento en las manos
retorno de lo recibido
y recuerdo de lo esencial.

LA ARGENTINA

Nada,
no me decía nada.
Yo seguía su ritmo con los ojos,
su volante en la falda.
Y entonces noté la caricia del pómulo.
Ella emitió unas palabras rápidas:
«Dale al paso nene».
Le seguí los pies.
Subí los dedos de mi mano hasta su espalda desnuda.
«Te sigo el paso», le dije.
A los dos requiebros se paró en seco.
Estiré mi pierna hacia delante,
comenzó a girar su cintura,
a entrecruzar rápidamente sus largas piernas entre las mías,
y me quedé enganchado eternamente a su cuerpo,
como solo se hace en la belleza del tango.

Enero de 2020

Acaba enero de este año
lleno de doses y ceros
que comenzó con un virus nuevo
y con un jugador de baloncesto menos.

Con un mundo cuidando el clima
con millones de luces encendidas
en una sola tierra
que no tiene cara B.

Somos tantos, tan diferentes...
Vivimos observando los ejemplos
de quienes consideramos referentes
¿cuáles elegirán los más jóvenes?

Desde aquí les diría que
es difícil orientarse
entre tanta información
para ordenar las ideas
en espacios de reflexión.
El silencio es un lujo
que encuentras en algunos lugares
como en trenes y paisajes
envuelto en auriculares.

Aprovecharlo es un reto
en un mundo que vibra por entero
que late en la incertidumbre
que duele en el confinamiento.

LA SONRISA CALMADA

Sonríes por dentro
con los ojos cerrados
¿qué estarás escuchando?
Puedo oírlo en silencio.

Eres feliz
tus arrugas lo delatan
tu cuello relajado
los hombros bajos.

Meditas
aunque no lo sabes.
Estás tranquilo
con la plenitud del tiempo.

Has ensanchado los minutos
vuelas en tu asiento.
Estás en otra música
fuera de este traqueteo.

Dentro de un rato
cuando bajes de este tren
quizás, ya no serás feliz.
Llegarán los problemas.

Los afrontarás con la música
que ha quedado en tus neuronas,
con la calma que relajó tus músculos
y la sonrisa que nos regalaste.

Tus párpados cerrados
preservaron tu individualidad
en este vagón matutino
repleto de gente callada, dormida
y quizás, también, feliz.

MEJOR EN PERSONA

Clic, clic, clic.
Tus dedos pulgares teclean deprisa.
Tus ojos se mueven rápido.
Pensamientos acelerados
bajan por tus dedos
y las palabras caen en la pantalla.

Ocurre el milagro del lenguaje,
de la palabra escrita
que te comunica con alguien lejano.

Tan rápido
que no habrá motivo
para no decirte que te quiero
todos los días,
mejor en persona.

ENCUENTRO EN EL PARQUE

Ayer vi unos ojos azules.
El cansancio me quemaba las piernas.
Corriendo por el parque
mi respiración se entrecortaba
y mis ojos encontraron los tuyos.
La añoranza de un pasado que no fue,
que no es
y no llegará a ser nunca,
se cruzó entre nosotros.
El chirriar de los frenos de tu bicicleta
hizo detenerse a mis piernas.
Y allí, de pie, inmóviles,
no supimos qué decir.
Junto a nosotros pasó corriendo el futuro
cargado de amor y promesas,
pero estábamos absortos, mirándonos,
y se alejó para siempre.

II.

EMOCIONES
Y OTRAS SENSACIONES

REFLEXIÓN

Reflexión,
qué paz me dejas cuando vienes.
Invades mi mente
y ensanchas el tiempo.

Me ventilas el alma quemada,
la herida encurtida
y voy más ligera.

Se unen los cables,
todo se conecta,
y le digo a mi reloj
que ya nunca se olvide
de latir a tu ritmo.

DECISIÓN

Es en la cumbre de la decisión
donde se desdibujan las preguntas
y del aire se respira confusión.

El olor a desesperanza, duda o titubeo
inunda las entrañas
suscita miedo o el temor
a la desdichada equivocación.

Allí, donde la luz y las sombras
se enfrentan a las incógnitas
resolviendo el acertijo
sin la magia del hechizo.

En ese lugar, libre en su condición
el ser humano está solo
empapado de una lluvia de consejos
y soñando un futuro de violetas.

Pedalea

De estreno empiezo a escribir,
han llegado a mí palabras frescas.

Hoy he hecho algo nuevo,
he montado en bicicleta.
Un, dos, tres, ¡pedalea!

Siente el viento frío en tu cara,
la vida te rebosa por las piernas.
Te has superado, empieza, cree en ti.

No los escuches, no es a ti a quien pelean.
No te pares a su oído, no te lo pierdas.
Un, dos, tres, ¡pedalea!

Al final del camino
tu alma será más ligera.

LUDOVICO

Toca el piano para mí.
Todos los días el microconcierto
que me transporta en el tren
desde mis auriculares a la butaca del auditorio.

Puedo meterme en tus neuronas
creador de sonidos
música y naturaleza.
Así amanece en Madrid.

La luz cruza los montes del Pardo
llega hasta las cuatro torres
amarillas y ocres.

Vamos todos en silencio
con móviles, libros, auriculares
y muchos pensamientos
y niños en el colegio
mayores solos en casa
culpabilidad en el alma
sueño en los párpados pesados
yoga a las seis de la mañana
transbordos en metro y autobús
suelas de zapato gastadas
pitidos de puertas al cerrarse
ojos que encuentras cada día
con bocas que no hablan
pero se reconocen.

Los edificios pegados a las vías me saludan.
Cada vez son más nuevos, más altos, más ladrillo.

Casi llego a mi parada
y Ludovico toca sus teclas para mí
solo para mí esta vez
poniendo banda sonora a la rutina
regalándome el alma en cada nota.
Paz, alegría, energía.
Gracias.

El tacto

Podrás verme en la pantalla
pero no podrás tocarme
sentir el frío del sudor
y tu corazón acelerarse.
Acariciar una mejilla
o abrazar un jersey suave.
Sentir una respiración ajena
besar, hablar y acercarse.

Ahora que la tecnología
parece que está cambiando tendencias
el tacto nos hace humanos.
Aunque si le damos la vuelta
es posible que evidencie
que lo digital vino para ayudarnos
pero no para sustituir nuestro contacto.

Tristeza

Ya vuelve,
fantasma azul que vaticina
la caída al abismo
de mi ánimo apenas levantado.

Ronda siempre por mi casa
se mete en mi cama
engañándome con cosquillas
que puedan aplacar mi ego.

A veces yo también juego
burlándola con diversiones varias
me voy con otros fantasmas
que saben reírse mejor y no mienten.

Mas cuando vuelvo al lecho oscuro de mi cuarto
como sombra arrancada de la pared se lanza
para luchar con mi risa
muerde y anuda mi estómago.

Grito, ardo, respiro y me calmo.
Vencida, me acuna
y susurrándome
me regala unas lágrimas.

EL CAMBIO

Serás pájaro
volarás con alas de plata
tocarás las teclas
impulsarás otras vidas
tomarás otros trenes
mirarás con otros ojos
sentirás con otros aires...
si tú quieres
solamente si tú quieres.

El cambio no es fácil.
No estás bien así
lo sabes, lo reconoces
quieres cambiar
pero no puedes.
Lo has soñado muchas veces.
Lo has intentado.

Pero existen altos muros
duras paredes
fuertes tormentas
tantas excusas
palabras y quejas...
Difícil
imposible
abismo
bloqueo
caída.

Y entonces te sucede.
Paras, casi mueres
tu vida pasa ante tus ojos.
Lo ves claro: solo tienes el ahora
puedes cambiarlo
lo sabes, claro que puedes.

Puedes decir no
muchas veces
a lo que no te gusta.
Puedes coger la mano
de la ayuda que tengas
aunque sea poca
y si no es ninguna
levántate, en soledad
serás fuerte.

Acallarás los gritos
evitarás las prisas.
Tu vida es tuya
tú decides.
La verdadera libertad está en tu alma.
En tu mente que piensa
en tus ideas que no paran.

El tiempo se detiene
cuando descubres tu esencia
y haces lo que sientes.

Existen muchas formas
para hacer una misma cosa
y llegar a un mismo sitio.

Cambiar solo es eso
decir basta y caminar
saltando las rocas
hacia la otra vida que vivirás
cada día
de forma distinta
dentro de la tuya.

AFINARSE

No olvides afinarte cada día
mirarte hacia adentro
dar la vuelta al cerebro hasta llegar a tu ombligo
apretar tus sienes
para relajar tu mandíbula.

Puedes escuchar una canción
comerte una onza de chocolate
echarte perfume
lanzarte un guiño al espejo
tocarte unas palmas
¡porque eres muy grande!

Aprieta las cuerdas
gira las clavijas
ajusta las teclas
sopla tu viento fuerte
respira profundo
las veces que quieras.

Hoy, antes de dar el paso
antes de emitir las palabras
antes de escribir las letras
piensa de qué nota partes
y cuídate de hacer antes aquello
que hará sonar bien tu música.

Mirando las nubes

Las hojas suenan a viento.
Los árboles hablan entre especies distintas.
Silban desde las raíces
los años les pesan.
Los más frondosos rugen más fuerte
ladran a los perros
y miran a las nubes
que huyen a ráfagas
tan blancas y grandes
que me rozan el pelo.

Esta atmósfera me envuelve en un baile de sentidos.
La hierba me besa los dedos.
Mis uñas arañan la tierra.
Una cama de músculos relajados
me funde con la madre naturaleza.

Arcoíris

Está lloviendo.
Gotas en la cara
te recuerdan quién eres.
Agradeces su frescura en la piel
el viento que las trae.
No quieres cubrirte.
No te importa mojarte.
La lluvia no te frena.
Te devuelve la vida en cada zancada.
Reactiva tu tacto adormilado.
Tu sonrisa aparece.
Giras la calle,
subes la cuesta,
ya casi llegas
a tu lugar favorito
en medio del bosque.
Y entonces lo ves.
Lleno de colores.
Gigante y abovedado: arcoíris de agua.
Eres todo un regalo.

III.

AMORES FILIALES

REFERENTE

Estamos las dos sentadas frente al mar.
Las olas van y vienen.
Los libros entre las manos.
Se ha hecho el milagro
de la lectura pausada en los ojos de mi niña.
El hilo invisible
que nos conecta por un amor inmenso.
El placer de leer
historias que sostienen.
Yo te ayudo a leer.
Yo te ayudo a comprender.
Yo te quiero desde la primera célula.

Verano

La ola del mar nos golpea
salta tu risa contagiosa
sonora rompe en mi mano
me zambullo rápida
en las burbujas de tu espuma.

Miro al cielo
atardece en tus pestañas.

Rosa y cálida tu cara
blancos los dientes de azúcar
dorada la mejilla al beso
tierna la sonrisa materna
de tu tercer verano.

Mi niño

No imaginé que te tendría entre mis brazos
sí lo soñé, muchas veces
tantas que me dolía el tiempo
me quemaba la incertidumbre
y la certidumbre de no concebirte.

Pero ya has nacido
con tus pestañas largas
y tus ojos de observador,
llenando la esperanza derrumbada
dando la vuelta a la casa
y a sus habitantes
a tu padre y a tu hermana
para llenarme de amor
ternura y poesía.

Todo tú eres un verso.

Esencia

Eres verde, amarillo y ocre.
Eres árbol.
Savia en la tierra.
Agua en el río.
Pisadas en el camino.
Montaña inclinada.
Raíces torcidas.

Eres el brillo en los ojos,
el mar reflejado,
brisa en las pestañas,
viento en los rizos,
frescor en los dedos,
atardecer en el cielo,
vida en el vientre,
alma conectada.

Eres naturaleza,
arena y belleza.
No lo olvides.

La piscina vacía llena de hojas de otoño

Hacía frío
tenía ansias de verano.
La niña vio la piscina vacía
llena de hojas de otoño
y aquello le recordó
el lugar donde regresar
al calor del verano
al juego con sus amigos
al chapoteo y los flotadores
al abrazo de su madre.

Recordó que ella ya no estaba
y entonces volvieron las ganas
de que todo
volviera a ser como antes.

El tiempo

El tiempo es la novela de *Momo*.
Los hombres grises que atisban en cada rincón
y te pisan los talones.
El humo que esfuma los huesos.
La ceniza del reloj que se fuman.
El sombrero que encierra los recuerdos.
La puerta que abren en tu cama
cuando suena el despertador.
Las vidas que de ti han nacido
y ensancharán tu ADN.

El bosque

Entro en el camino
y ya llega el perfume de las jaras.
El olor a las mariquitas
con sus patas de cazamariposas.
Corro un poco más
y oigo mi risa de niña,
la que me trae el romero.
Se abre la caja de la infancia
el azul de los recuerdos
en el inmenso cielo encendido.
Una pisada detrás de otra
suena la tierra
late la vida.
Entre las encinas asoman mis juegos
y tantas caídas.
Mis rodillas heridas
cicatrizaron aprendiendo a andar
y ahora son más fuertes
y más mayores.
Aún me sostienen.

Este tiempo es mío
y el bosque lo sabe.
Su silencio conecta con mis endorfinas
llevándose el mal humor
girando las neuronas
y el peso de la planificación.

Ahora solo pienso en llegar a casa,
dejar que me cuiden
procurar no descuidarme.

Huevo frito

Voy a cazarte
con la red verde
los brazos humanos
¡Zas!
Se acabó tu deriva.
Tu nado silencioso.
Tu veneno peligroso.
El baño picante.
«¡Parece un huevo frito!», dice el niño.
«Sí, pero era una medusa», dice la niña.
Y una lágrima recorre su mejilla.

Las gaviotas surcan el cielo.

«¡Ojalá ella fuera un pájaro para que no pudieran cazarla tan fácil!
A mí también me gustaría serlo
para ir a ver a mamá, ¿verdad, papá?».

El padre la mira
con los ojos vidriosos
la boca apretada
los brazos tensos.
Gira rápido sobre sus pasos,
le arrebata la red verde al niño
realiza un lanzamiento hiperbólico
y devuelve la medusa al mar.

Los tres quietos
la ven alejarse
con sus movimientos cíclicos y lentos
nadando en el agua.
Llena de vida.

Por el placer de volver a verla

La recuerdo con el pelo blanco.
La sonrisa eterna.
La alegría en vena.
Yo sé que me cuida
desde el cielo claro
cuando las montañas altas
dejan de abrazarnos.

Daría todo un mar
por el placer de volver a verla.

Girarme en la calle
o en el autobús
como hacía de pequeña
y encontrarla alegre
con su piel de arrugas
el brillo en los ojos
el abrazo fuerte.
«Mi capulla», decía.
Y yo aferrada a su pecho.
«Abuela, no me sueltes».

SOY VERSO Y AGUA

Cuando vuele de este mundo
mi alma vaporosa
se transformará en lluvia dulce.

Cuando me necesites
caeré suave sobre tu dolor
meceré tu sueño
te acariciaré cuando te sumerjas
te estaré esperando en cada una de tus brazadas
con el beso perfecto de una madre.

AGRADECIMIENTOS

Escribir este poemario ha sido un camino de varios años que comenzó en mi infancia y ha encontrado su cumbre en las manos de la editorial Olé Libros. Nunca podré agradecer lo suficiente a Toni Alcolea su lectura y la decisión de publicarlo. Mis agradecimientos van también para Loli Lara y Amparo Moreno por su acompañamiento durante el proceso de edición y para las personas de la editorial que han trabajado en la corrección, diseño de portada y maquetación. Gracias por captar la esencia del libro y cuidar todo el proceso con detalle.

El amplio recorrido del libro implica que muchas personas se han cruzado en su camino. Mis padres y hermano son los primeros que han escuchado o leído muchos de estos poemas. Recuerdo a mis padres leyendo mis primeros cuentos de niñez con emoción y a mi madre llevándome todos los viernes en coche durante varios kilómetros para que pudiera asistir a mi club de poesía cuando fui más mayor. Siempre habéis entendido y apoyado mi vocación y habéis creado el espacio que necesitaba en casa para desarrollarlo. Gracias.

Hay poemas de este libro que se gestaron en mi adolescencia, como "La observadora", que siempre remueve a quien lo lee años después de que haya sido escrito. Agradezco a todos mis familiares, compañeros, amigos, que han leído alguna vez mis poemas y colaboraciones o han escuchado con emoción mis lecturas en voz alta. En particular a Beatriz, mi amiga de toda la vida, que me ha acompañado a conciertos de poetas y varios teatros, entre otros viajes. A Vanesa Losa, que guarda los escritos que le he pasado durante la carrera de Medicina como preciados recuerdos y me ha da dado fuerzas para creer en publicarlos (gracias por tantas conversaciones). A las más guapas de la FUAM, Elena Mora, Amalia Paniagua y Elena de la Fuente, por seguir cerca después de tantos años y por tantos lugares inspiradores que hemos visitado juntas. A Salvador Casado, también escritor y médico de familia, por sus consejos de sabio.

Más recientemente, aunque ya van varios años, me he unido al Taller de escritura y creatividad de la Biblioteca Leon Tolstoi y el Ayuntamiento de las Rozas de Madrid, entidades a las que también me gustaría dar las gracias por fomentar espacios para el desarrollo de talento. Dicho taller está dirigido por la escritora Cristina López Barrio y ha sido un punto de inflexión en mi carrera literaria. Me gustaría expresar mi más profundo agradecimiento a Cristina por esta iniciativa que me ha abierto la mente a nuevas posibilidades y ha sacado de mí aspectos creativos que estaban adormilados o ni siquiera conocía. He aprendido mucho de ti y del grupo de escritores amigos que allí nos hemos conocido.

Este libro no hubiera sido posible sin el impulso y el amor de mi marido Javier y mis hijos, Paula y Victor y mi pequeña hija adoptiva Bella. Gracias por escribir y leer conmigo, sugerir versos, acompañarme en la vida y en los paseos por la playa. Vuestra risa, vuestro abrazo, siempre es un lugar en el que habitar con alma de verano.

Y gracias a ti, lector, lectora por elegir este libro y zambullirte en estos versos durante un tiempo. Me gusta pensar que en alguno de ellos encontrarás un lugar de coincidencia con el gran poema que es tu vida y si eso es así, si eso sucede, tú y yo seremos para siempre personas conectadas que se acompañarán, como los ríos, hacia el mar ancho y libre.

ÍNDICE